Para Entender
ESPIRITISMO

Edição e Distribuição:

EME
EDITORA

Caixa Postal 93 – 13360-000 – Capivari-SP
Fone/Fax: (019) 491-3878 e 491-2165

Celso Martins

Para Entender ESPIRITISMO

Capivari-SP
— 1997 —

Para Entender Espiritismo
Celso Martins

1ª edição – Março/1997 – 3.000 exemplares

2ª edição – Junho 1998 – 3.000 exemplares

Capa:
Eduardo Fernandes

Arte e Diagramação:
André Stenico
Nori Figueiredo
Matheus R. Camargo

Ficha Catalográfica

Martins, Celso (1942)
Para Entender... Espiritismo, Celso Martins, 1ª
edição 1997, Editora EME, Capivari-SP.
133 p.
1 - Espiritismo
2 - Comentários s/ "O Livro dos Espíritos"
CDD - 133.9

ÍNDICE

1 – O Espiritismo para o povo 7

2 – O tríplice aspecto 17

3 – Deus: Pai de Amor e Bondade 31

4 – O mundo espiritual 41

5 – As diferentes formas de mediunidade ... 55

6 – Comunicação entre vivos 65

7 – Vidas sucessivas 75

8 – Construímos nosso destino 91

9 – A oração à luz do Espiritismo 107

10 – Espiritismo: Como praticá-lo? 119

OBRAS DO MESMO AUTOR (apenas as editadas pela EME, sem contar as feitas em parceria com outros autores):
Sexo e Amor em Nossas Vidas
Mensagem de Esperança
Crepúsculo do Século XX
É Possível Ser Feliz?
Páginas Espíritas
Perguntas que o Povo Faz
Um Lar Feliz

OBRAS DA MESMA SÉRIE:
Para Entender **Espiritismo**
Para Entender **Mediunidade**
Para Entender **Morte**
Para Entender **Como Vencer a Tensão Emocional**

1
O ESPIRITISMO PARA O POVO

Tenho um casal de filhos, agora com mais de 20 anos de idade cada qual, tesouro querido que Deus me deu na presente encarnação terrestre. A filha, apesar de então estar com quase 19 anos, quis fazer determinado concurso público e pediu-me que a levasse ao local onde deveria ser feita a

8 Para Entender... Espiritismo

prova escrita, pois não sabia, naquela época, movimentar-se bem naquele bairro da cidade do Rio de Janeiro.

Fomos. Lá entabulei ligeira conversa com o ascensorista, que nos levou até ao 6º andar. Dizia aquele senhor:

— Moço (fiquei contente, ser chamado de moço aos 50 anos de idade é sempre motivo de contentamento) — aqui de manhã estudam crianças do maternal. De tarde estão os alunos do 1º e do 2º graus. À noite, funcionam cursos de nível superior. O senhor não imagina que movimento há aqui, noite e dia!

Pois é... pus-me a meditar com os meus botões... o mesmo acontece no domínio das religiões. Não estou insinuando de modo algum qualquer hierarquia de valores, sibilinamente querendo fazer crer que a religião X é melhor do que a religião Y ou a religião Z. Em verdade, cada religioso há de achar sempre que a sua religião é que está com a verdade. No entanto, aquele senhor no elevador do prédio do Liceu de Artes e Ofícios do Rio de Janeiro me levou a matutar sobre o que ocorre na seara religiosa do nosso mundo.

Cada mentalidade aceita ou segue esta ou aquela religião onde se sinta melhor. A mim me parece infantilidade discutir pontos de vista religiosos porque dificilmente se chegará a alguma conclusão. O que é verdade para A poderá ser, até, um absurdo para B. É que o primeiro não está no mesmo nível de compreensão do outro. Uma noção só será admitida quando a criatura estiver na condição de aceitá-la. Acaso você tentaria fazer com que uma criança de 4 anos de idade, no seu inocente curso maternal, entendesse a trigonometria que se estuda no 2º grau? E este rapazola que está no curso secundário, já se iniciando no estudo do seno e do cosseno, da tangente e da cotangente, da secante e da cossecante, entenderia as equações diferenciais lineares com coeficientes constantes, tema de escolas superiores? O mesmo se dá no terreno das religiões. E até existem pessoas que se sentem à vontade, não pertencendo a nenhuma religião. É um direito que as criaturas têm e que devo respeitar, se quero que respeitem a minha condição de espírita. Mesmo porque sempre defendi a tese de que, acima de tudo, devemos procurar ser um homem de Bem.

E o que vem a ser um homem de Bem?

Respondo a esta pergunta citando Allan Kardec em uma página muito expressiva, que aparece tanto no "Livro dos Espíritos" como no "Evangelho Segundo o Espiritismo", na qual o

Codificador da Doutrina Espírita, entre outros itens, lembra os seguintes:

"O homem possuído pelo sentimento de caridade e de amor ao próximo faz o bem pelo bem, sem esperança de recompensa, e sacrifica o seu interesse pela justiça.

"Ele é bom, humano e benevolente para com todos, porque vê irmãos em todos os homens, sem exceção de raças ou de crenças.

"Se Deus lhe deu o poder e a riqueza, olha essas coisas como *um depósito* do qual deve usar para o bem, e disso não se envaidece porque sabe que Deus, que lhos deu, também poderá retirá-los.

"Se a ordem social colocou homens sob sua dependência, trata-os com bondade e benevolência porque são seus iguais perante Deus; usa de sua autoridade para lhes erguer o moral e não para

12 Para Entender... Espiritismo

os esmagar com o seu orgulho. (...)

"Não é vingativo: a exemplo de Jesus, perdoa as ofensas para não se lembrar senão dos benefícios, porque sabe que *lhe será perdoado assim como tiver perdoado.*

"Respeita, enfim, nos seus semelhantes, todos os direitos decorrentes da lei natural, como desejaria que respeitassem os seus."

É exatamente por isso que escrevi parágrafos acima: antes de tudo importa buscarmos ser um homem de Bem, nestas máximas delineado por Allan Kardec.

Mais ainda: sempre defendi a tese de que haja o respeito de um religioso para com a religião do semelhante. Nada de ofendê-lo, de humilhá-lo, de menosprezá-lo, que isto é cruel violência contra a liberdade de pensar. "O Livro dos Espíritos", obra básica do Espiritismo, lançada a 18 de abril de 1857, com todos os seus capítulos constituídos de perguntas formuladas por Kardec aos instrutores espirituais, e eles dando respostas claras e objetivas, ensina-nos que todas as crenças religiosas são respeitáveis, só não devendo ser aceitas aquelas que preconizam a prática do Mal. Sendo assim, desde que uma religião não seja ofensiva à moral cristã, desde que não prejudique terceiros, é claro que devemos respeitá-la, embora com ela não concordemos.

Tudo isto é por demais elementar; no entanto, sou obrigado a bater na mesma tecla e chover talvez no molhado, porque vira e mexe alguns grupos religiosos são atacados por mentes fanatizadas que querem impor, ainda hoje, final do século XX, a ferro e fogo, as suas idéias e os seus ideais. Contra esta intransigência religiosa, contra esta intolerância ideológica eu me insurjo,

14 Para Entender... Espiritismo

pois deve imperar entre os religiosos, se não o Amor, como muito bem ensinou e exemplificou Jesus, pelo menos o respeito mútuo, sobretudo numa hora quando os problemas do mundo aí estão a exigir a união de todos para solucioná-los, em nome do bem comum.

Se um edifício começa a pegar fogo, em virtude de algum curto-circuito nas instalações elétricas, seria prudente o vizinho do 2º andar começar a brigar com o morador do pavimento superior, deixando as labaredas agirem sobre os móveis, as roupas, as pessoas? Claro que não. Manda a prudência ambos buscarem os recursos do Corpo de Bombeiros para apagar as chamas devoradoras de tudo. Ora, o mundo se encontra numa situação similar. Crepita alto o fogaréu das dificuldades econômicas, das crises políticas, das questões sociais; em meio a isso, a união de nossos esforços para o bem comum impõe-se como dever.

E se aqui está um livrinho expondo o Espiritismo ao alcance de todos (o que ele é e como praticá-lo), não se veja nesta publicação nenhum divisionismo, porém o anseio de divulgar a Doutrina Espírita em seus princípios fundamentais, dirimindo possíveis dúvidas e sobretudo secando lágrimas. Não deixa de ser um pequeno balde de água fria para aplacar o incêndio que está lavrando no seio da família humana neste final de século XX!

Rio de Janeiro/1997.

O Autor

2
O TRÍPLICE ASPECTO

O Espiritismo é, sem dúvida nenhuma, a revelação das leis divinas, prometida por Jesus para os séculos em que a Humanidade alcançasse um grau de assimilação mais elevado. Instruindo seus discípulos, consoante o que se lê em João, cap. 14 versículos 25 e 26, assim disse Jesus: "Eu vos tenho dito estas coisas, estando ainda convosco.

Porém, aquele Consolador, o Espírito Santo, que o Pai enviará em meu nome, esse vos ensinará todas as coisas, e vos fará lembrar de tudo quanto eu vos tenho dito".

Com efeito, a Doutrina Espírita não traz nenhuma novidade ao mundo, senão explica, desdobra e aprofunda todos os ensinamentos do Cristo, cuja moral é colocada como pedra fundamental para a felicidade da criatura e progresso da Humanidade. Foi preciso que os homens alcançassem o desenvolvimento intelectual do século XIX para que, na França, em Paris, a cidade mais esclarecida do mundo de então, o professor Hippolyte Léon Denizard Rivail (3 de outubro de 1804 – 31 de março de 1869) pudesse, a partir da observação de fatos mediúnicos e da análise de muitas mensagens, dadas por diversos Espíritos através de diferentes médiuns, em cidades da mesma França e de outros países, codificar uma doutrina filosófica, de comprovação científica e implicações morais a que ele, o professor Rivail, adotando o pseudônimo de Allan Kardec, deu o nome de Espiritismo, sendo que em muitos países também ficou conhecido como sendo Neo-Espiritualismo.

Na verdade, a expressão Espiritualismo é muito ampla porque abrange a crença, no ser humano, de algo mais do que o corpo material. Admite, em conseqüência, que este algo imaterial do ser humano tenha vida depois da morte. Sendo assim, o católico aceitando a alma e sua ida para o céu ou para o inferno, o protestante de qualquer seita em que se dividiu e se subdividiu a Reforma protestante, de Lutero, de igual maneira admitindo a alma e sua destinação para o paraíso ou para o inferno, o umbandista prestando culto a seus orixás, praticando a mediunidade, muitas vezes para socorrer doentes do corpo e da alma, todos estes religiosos são espiritualistas. Catolicismo, Protestantismo, Umbandismo, por exemplo, são correntes de pensamento que estão dentro do domínio muito amplo do Espiritualismo. Mas o católico, o protestante, o próprio umbandista não são espíritas! Não o são porque o Espiritismo, embora seja também uma corrente de pensamento espiritualista, aceitando a existência da alma, admitindo a sobrevivência do Espírito depois do fenômeno da morte, utilizando para o Bem o intercâmbio mediúnico entre os "vivos" e os "mortos", mais ainda, incorporando a seus princípios basilares a reencarnação, ou seja, a volta do Espírito ao mundo noutro corpo material para progredir, o Espiritismo tem suas características próprias que o distinguem e o diferenciam de todas as demais religiões.

Os fenômenos psíquicos são tão velhos como o próprio mundo. Quer dizer, o que os homens sem conhecimento espiritual consideram fenômenos sobrenaturais, sobretudo a ação dos Espíritos sobre a vida humana, isso sempre ocorreu no seio da Humanidade. Às vezes só pessoas iniciadas nos templos religiosos é que tinham uma noção clara do que estava ocorrendo. O povo, via de regra, vivia na ignorância das crendices e das superstições. O mérito maior do Espiritismo, graças ao esforço de Allan Kardec, está em explicar tais fatos e pô-los ao alcance de todos. Está em dizer que não há nada de sobrenatural, de maravilhoso ou de inabordável. Em declarar que milagre, como sinônimo de uma derrogação de uma lei divina, não existe. Nunca existiu. O que sucede é apenas isto: a criatura humana ainda ignora as leis que regem um ou outro fenômeno que, a seu ver, parece transcender a natureza, a ordem

22 Para Entender... Espiritismo

natural das coisas. Porém não há transcendência, desde que as leis sejam conhecidas para explicar semelhantes ocorrências no quadro dos fenômenos perfeitamente naturais.

Desde os tempos imemoriais, tanto na Índia, na China, no Egito, como em Roma, na Grécia, tanto dentro como fora dos arraiais religiosos, também no chamado Novo Mundo, quer dizer, na atual América, entre os astecas e os incas, entre os próprios silvícolas de nosso Brasil ou nas comunidades primitivas africanas, os "mortos" apareciam aos "vivos". Admitia-se a reencarnação. Adorava-se um Deus ou diversas divindades. De quando em quando ao mundo desciam Espíritos mais adiantados, mais evoluídos, para acelerar o progresso da Humanidade.

Em 1848, porém, em Hydesville, numa família de religião metodista, nos Estados Unidos do século XIX, surgiram estranhos fatos que nada mais eram do que a comunicação de um Espírito cujo corpo, na última encarnação, fora covardemente assassinado numa madrugada, entrando em contacto com os homens através da mediunidade das meninas Fox. Desnecessário dizer que tais ocorrências para logo despertaram a atenção de pessoas sérias que, depois de pesquisar a fundo tais fenômenos, ali se viram diante da intervenção dos Espíritos na vida humana.

Seguiu-se a fase das mesas girantes, tanto na Europa como nos Estados Unidos, inclusive aqui no Brasil, como atestam os jornais dos anos de 1854. Em Paris o professor Rivail, homem culto, autor de vários livros, ex-discípulo de um eminente educador suíço (Pestalozzi), é convidado a participar de uma sessão onde a mesa dava resposta, por meio de pancadas. Respostas inteligen-

24 Para Entender... Espiritismo

tes às perguntas que lhe eram formuladas pelas pessoas presentes. Foi, com espírito científico e não como mero espectador desejoso de ver fatos divertidos. Foi, com desejo de conhecer o que é que havia de verdade por detrás daquilo tudo. E para logo o professor Rivail percebeu a presença de um "morto", como que despertando o homem para a realidade da vida espiritual, bem como para as finalidades maiores da vida terrena.

Das sessões das mesas girantes passou-se à utilização de uma cestinha, à qual estava fixo um lápis que escrevia frases inteligentes e parágrafos lógicos, quando determinadas pessoas punham seus dedos de leve sobre aquele recipiente. Numa fase posterior, em casa de pessoas amigas, com o concurso de médiuns como as irmãs Baudin e a senhorita Japhet, conseguiu reunir material com o qual lançou o livro já citado a 18 de abril de

1857, ou seja, "O Livro dos Espíritos", no qual estão os fundamentos doutrinários do Espiritismo, que são:

I – A existência de Deus, pai de todos, o criador de todas as coisas, a inteligência suprema, a causa primária de tudo.

II – A existência, no ser humano, de um elemento imaterial a que as religiões tradicionais dão o nome de alma.

III – A sobrevivência deste princípio espiritual ao fenômeno da morte física.

IV – A comunicação, quando possível, do Espírito de um morto (desencarnado) com os homens (encarnados), de diversos meios e modos, graças ao concurso de alguém, chamado médium, que propicie esta comunicação que deve ser colocada, então, a serviço do esclarecimento e da consolação de todos nós.

V – A volta do Espírito ao mundo (ou a outros mundos dentre tantos astros que gravitam pelo Universo), num novo corpo, para providenciar, ele mesmo, com seu esforço, seu crescimento, seu avanço e seu progresso, tanto em sabedoria como em moralidade.

VI – A excelsitude da moral do Cristo como roteiro de nossas vidas ou código de nossas ações, resumida esta moral na Caridade que implica fundamentalmente, o Amor ao próximo, a fraternidade sem fronteiras, a indulgência para com as fraquezas do próximo, o respeito ao direito do outro ter outros pontos de vista e sobretudo o perdão às ofensas recebidas, sem guardar assim no coração nenhum ressentimento.

Tem o Espiritismo tríplice aspecto, ou seja, o aspecto filosófico, o científico e o moral (ou religioso). Isto porque:

1) a Filosofia é a procura da razão da vida, a busca da finalidade da existência, a explicação de quem somos, de onde viemos antes do berço (se é que houve este período anterior à vida intra-uterina) e para onde iremos, após o decesso corporal (se é que haverá vida depois do túmulo). E o Espiritismo nos mostra que somos em essência um Espírito vestindo temporariamente um corpo de carne é osso, a fim de progredir sempre;

2) a Ciência é a pesquisa dos fatos, a descoberta das leis que regem a ocorrência destes fenômenos, a correlação que existe entre um fato e outro mediante a observação e a experimentação, sem idéias preconcebidas, mas com desejo de conhecer a verdade. E o Espiritismo nos lembra a existência do perispírito, o corpo energético do Espírito, o qual permite a ocorrência dos fatos mediúnicos em geral;

3) a Religião é a aplicação da moral na vida diária mediante a vivência da fraternidade, da bondade, da tolerância e da concórdia. E é exatamente esta a bandeira que o Espiritismo desfralda, é a exortação que ele nos faz para que haja mais paz nos corações humanos.

Pelo exposto, o Espiritismo difere de todas as demais religiões conhecidas por demonstrar a lógica de seus ensinamentos através de experiências científicas, e por apresentar uma filosofia baseada também em experimentos e observações, documentados por uma quantidade apreciável de pesquisadores de renome universal. Nem por isso, porém, pretende demolir as religiões do passado ou do presente. Não e não. O Espiritismo reconhece a necessidade de todas elas para grande parte da Humanidade, cujo progresso se processa sempre, de maneira lenta, mas permanente e inevitável.

Os fatos psíquicos podem ocorrer em qualquer ambiente, religioso ou não; e podem levar a criatura até um centro espírita. Porém, somente o estudo sistematizado das obras espíritas de Allan Kardec, acima de tudo, é que permitirá a consolidação do conhecimento doutrinário de modo que não há nenhum adjetivo para o Espiritismo. Equivale dizer, não há alto nem baixo Espiritismo. Nem Espiritismo kardecista nem Espiritismo científico. Tampouco não há Espiritismo de mesa. Ele respeita todas as demais religiões mas sua denominação é apenas Espiritismo, sem nenhuma, repito, adjetivação.

E seus fundamentos serão estudados nos capítulos ulteriores.

3

DEUS:
PAI DE AMOR E BONDADE

Diante de um relógio, forçosamente você é obrigado a admitir a existência de um relojoeiro, a aceitar obrigatoriamente que alguém tenha construído aquela engrenagem perfeita para marcar o passar dos segundos, dos minutos e das horas ao longo dos dias, das semanas e dos meses,

32 Para Entender... Espiritismo

sem atrasos nem adiantamentos. De igual maneira, quem ouve um soneto alexandrino declamado com arte, quem escuta uma peça musical que o deixa extasiado, quem se senta sobre uma cadeira e escreve à mesa uma carta a um amigo residente noutra cidade, quem saboreia algum delicioso pitéu — é levado, queira ou não queira, a reconhecer a existência de um poeta, de um músico, de um carpinteiro ou de um marceneiro, de uma cozinheira que fizeram aquelas jóias artísticas, aqueles móveis de madeira maciça, aquele prato saboroso. O acaso não poderia arrumar os ponteiros, as molas, os mancais, os eixos, as rodas denteadas do relógio. Nem a rima, o ritmo, o metro do poema. Nem os acordes, as notas, as pausas, o compasso da página musical. Tampouco o espaldar, o assento da cadeira, as pernas, o tampo da mesa. Muito menos os ingredientes, o tem-

Para Entender... Espiritismo

pero, o preparo da iguaria que nos enche a boca de saliva.

Ora, diante do Universo, somos também obrigados a admitir a existência suprema, muito superior ao homem, que criou todos os astros e os mantém no espaço sideral. Diante do próprio mundo, do planeta Terra em que vivemos, com seus mares e seus continentes, suas florestas e suas campinas, seus rios e suas cidades, temos de aceitar uma força que engendrou o nosso orbe e dirigiu suas transformações ao longo dos milênios. Diante das multifárias formas de seres vivos, desde a bactéria que se revolve na massa putrefacta do solo até a exuberante sequóia, com seus quase 3 mil anos, até a graciosa baleia azul com suas 150 toneladas de massa, nadando no oceano; mais ainda, diante do nosso próprio corpo, com mais de 600 músculos, mais de 200 os-

34 Para Entender... Espiritismo

sos, mais de 100 articulações, com mais de 5 litros de sangue, e o coração em seu labor incessante, e os rins filtrando a urina, e o fígado metabolizando muitas e muitas substâncias por minuto, e os pulmões recolhendo oxigênio e rejeitando o gás carbônico, e o cérebro emitindo milhões de impulsos nervosos por minuto para todo o organismo — impossível não admitir Deus, o criador de todas estas maravilhas, cujos segredos só a pouco e pouco o homem vai desvendando, cujo mecanismo só agora, devagarinho, a mente humana vai conhecendo e admirando.

Há harmonia em toda a Natureza, desde o ecossistema representado por uma simples gota d'água recolhida de um charco, onde se agitam milhares de micróbios e muitos animálculos, até as vastidões imensas do Universo onde estão as galáxias em número enorme com suas estrelas e seus cometas, com seus mundos e seus satélites, distantes de nossa Terra milhões de anos-luz!

Quem, senão Deus, poderia engendrar e manter esta harmonia?

Neste particular, o Espiritismo endossa aquele pensamento de Cícero, famoso escritor, estadista e orador romano (106 a 43 antes de Cristo): "Não vês a Deus mas o reconheces através de suas obras." Com efeito, Kardec anotou inclusive no "O Livro dos Espíritos" (nº 16) estas palavras:

"A inteligência de Deus se revela nas suas obras, como a de um pintor no seu quadro; mas as obras de Deus não são o próprio Deus, como o quadro não é o pintor que o concebeu e executou."

É incapaz a linguagem humana para definir aquilo que seja Deus. Jesus foi quem melhor o apresentou para nós. Na oração dominical nos

36 Para Entender... Espiritismo

ensina a chamá-lo de Pai Nosso (Mateus, capítulo 6, versículo 9). Notar que ele, Jesus, não disse: Pai de judeus, Pai de cristãos, Pai de maometanos, Pai de descrentes. Não. Pai Nosso, quer dizer, pai de todos nós. Logo, se temos um Pai comum, então somos todos irmãos, indistintamente.

Em palestra com a mulher de Samaria, o Cristo assim se expressou acerca do Criador: Deus é Espírito, e importa que aqueles que o adoram, o adorem em Espírito e verdade. (João, capítulo 4 versículo 24). Baseando-se neste ensino de Jesus, o Espiritismo, ainda que respeite as práticas religiosas de outras criaturas sinceras, não adota em suas reuniões altares, imagens, andores, velas, nem usa vinho ou outra bebida alcoólica. Tampouco lança mão de talismãs, de amuletos, de bentinhos, de preces especiais, administrando sacramentos. Quer dizer, não oficia casamentos religiosos, não faz batizados de crianças ou de adultos, não emprega incenso, mirra ou outra substância que produza fumaça. Tanto como não tem sacerdotes com roupas especiais, não cobra nada por graças concedidas, não faz horoscopia, nem se vale de cristais, de búzios ou de pirâmides... O Espiritismo encara Deus como Jesus, repito, ensinou à mulher samaritana: o espírita não tem nenhuma forma de culto exterior, porque ele busca a Deus através da prece que não tem fórmula fixa, deve sair do fundo do nosso coração como se conversássemos com o nosso melhor amigo abrindo-se-lhe as portas do nosso íntimo, ávido de paz e de luz!

À luz da Doutrina Espírita Deus é eterno, infinito em suas perfeições, imutável (não sujeito a mudanças), imaterial, único, todo poderoso, soberanamente justo e bom.

Para Entender... Espiritismo

À luz da Doutrina Espírita Deus estabeleceu leis físicas e morais que são eternas e perfeitas, regendo assim toda a harmonia da Criação. Uma delas é a de causa e efeito, mediante a qual cada um recebe da vida aquilo que fez, quer por ação, quer por palavra ou mesmo simples pensamento. Assim, colhemos o que semeamos. Somos, pois, os construtores de nosso próprio destino feliz ou desventuroso. Ninguém foge a esta lei que é a um tempo justa e bondosa porque propicia, através da reencarnação, a oportunidade de a criatura reparar seus erros, corrigir seus enganos e progredir sempre para a frente e para o alto.

À luz da Doutrina Espírita todos fomos criados, pelo Amor de Deus, simples e ignorantes; pouco a pouco vamos avançando, graças ao nosso esforço e à proteção de entidades encarnadas e desencarnadas que velam amorosamente por to-

Para Entender... Espiritismo

dos nós!... Todos alcançaremos paulatinamente patamares mais vastos de conhecimento e de moralidade, atingiremos degraus mais altos; depende de nós mesmos a velocidade de nossa marcha ascensional. Deus não castiga. Não pune. Não remete alguém para o inferno nem reserva para ninguém, gratuitamente, um céu de inatividade depois da morte; não. Aquele que viola uma ou outra lei de Deus a si mesmo se pune, a si mesmo se castiga, e seu sofrimento nada mais é do que a conseqüência do mau uso de seu livre-arbítrio, sofrimento este temporário, do qual se sai e se liberta quando se arrepende, expia o seu erro, redime-se e se volta para o Bem. A Justiça de Deus confere alegria a todo aquele que luta por melhorar-se; oferece-lhe renovadas oportunidades de progresso; ajuda-o a conseguir esta ventura interior conquistada pela própria criatura ao longo de suas existências sucessivas. É assim que o espírita entende Deus e as suas leis.

4
O MUNDO ESPIRITUAL

Não foi Allan Kardec quem criou os Espíritos, tanto como não foram os micróbios criados por Pasteur ou os astros por Galileu.

Galileu Galilei (italiano, 1564-1642) apenas assentou sua luneta em direção aos astros e lançou as bases da Moderna Astronomia, convidando os homens para o estudo dos corpos celestes.

42 Para Entender... Espiritismo

Louis Pasteur (francês, 1822-1895) de igual maneira chamou a atenção dos cientistas de seu tempo para a hipótese de que os microorganismos seriam (e são mesmo!) responsáveis pela transmissão de muitas doenças, a partir do que se criou a Bacteriologia e a própria Medicina teve um enorme avanço, na cirurgia e na higiene. Tanto Galileu como Pasteur sofreram perseguições, por serem beneméritos da Humanidade.

O mesmo se deu com Kardec. Desvendou o mundo dos Espíritos não com a luneta nem o microscópio, porém com os médiuns. Não inventou nada mas explicou como se dá o relacionamento entre encarnados e desencarnados, conclamando a Humanidade a colocar este intercâmbio a serviço do esclarecimento e consolação de todos nós. E, por ser também um benfeitor da espécie humana, Kardec não poderia fazer exceção à regra

Para Entender... Espiritismo

geral: também foi incompreendido, sofreu perseguições, seus livros foram queimados num Auto-de-Fé em Barcelona.

No entanto, não se pode queimar uma verdade. Como não se pode esconder a luz do sol usando-se uma peneira. O mundo espiritual existe e exerce poderosa influência sobre os homens, quer eles queiram ou não. Constitui-se dos Espíritos que já viveram, um dia, na face da Terra, usando um corpo de carne e osso como acontece comigo ao escrever estas linhas e com você, leitor amigo, ao ler este livrinho. É como se fosse uma Humanidade de cá em relação permanente com outra Humanidade de lá. Eles agora estão lá e nós aqui. Mas dentro de algum tempo, que só Deus sabe quando começará e quando acabará, os papéis poderão perfeitamente ser trocados: nós estaremos lá e eles cá.

Em conseqüência direta do que estamos a ver, o Espiritismo mata a morte. Quer dizer, a morte deixa de ser aquela incógnita ou aquele *nec plus ultra*. Nada mais além. À luz do Espiritismo, quando a morte chega, o que se dá é a separação do corpo e do Espírito, o primeiro se desagregando em suas substâncias no seio da Natureza material, de cujas partículas se forma em suas células e tecidos e órgãos. Mas o Espírito, que é a sede da inteligência, da razão, do raciocínio, da memória, onde se situa o senso moral, volta ao mundo de origem, à pátria da verdade onde se apresenta sem disfarce, mostra-se como exatamente é!... Colhe então as flores, ou os espinhos que andou semeando ao longo da jornada terrena.

Vários cientistas comprovaram a existência dos Espíritos e a sua comunicação conosco. Poderia citar muitos exemplos, mas fico com alguns:

o inglês William Crookes, o italiano Ernesto Bozzano, o russo Alexandre Aksakof, o celebérrimo norte-americano Thomas Edison; todos proclamaram sem rebuços a sua convicção da imortalidade humana. E o mesmo poderíamos dizer com relação ao suíço Jean Meyer, ao italiano Cesare Lombroso, ao francês Flammarion, a outro francês Gustavo Geley. Fico por aqui para não me alongar. O leitor interessado com facilidade terá acesso a obras monumentais destes pesquisadores que demonstraram verdades que, agora, no crepúsculo do século XX, a Parapsicologia vem pouco a pouco anunciando ao mundo ocidental.

Ressalta-se, daí, o consolo que se derrama sobre um coração a chorar a perda de um ente querido. Ah! Como é reconfortante ao coração de uma mãe saber que seu filho, ceifado no verdor da juventude, continua vivo no Grande Além! Como é animadora ao coração de um filho a convicção de que seu pai estimado ou sua mãe idolatrada, além das cinzas frias da necrópole, ainda poderão dar-lhe aquela proteção, talvez maior ainda, nas horas de aflição ou de dúvida! Como é altamente alvissareira a notícia de que, um dia, haveremos de abraçar amigos que partiram antes de nós para a viagem inevitável de volta ao mundo maior!

Diante de um sepulcro, o materialista diz: "Adeus! Tudo terminou". O religioso tradicional suspira: "Foi para o céu, descansar em paz". Ou então: "Coitado, segue para o inferno porque não deixou Jesus salvá-lo". Instala-se o desânimo, aparece a descrença, sofre-se muito. Diante de um esquife, o espírita tem esta convicção inabalável:

— O companheiro se despe da carcaça material e

volta ao mundo incorpóreo, com seu perispírito e mais, com o somatório de todas as suas qualidades ou de seus enganos. Lá encontrará novos ambientes de progresso. Lá achará velhas amizades. E poderá prosseguir, noutro corpo, mais tarde, voltando à Terra para dar continuidade a seu progresso evolutivo sem fim. Brilha a esperança, fulge a paciência, olha-se para o além com desassombro. Um horizonte mais amplo se nos desdobra nas fímbrias do Infinito porque uma luz, a luz da imortalidade, banha as trevas e nos infunde mais confiança no Amor de Deus!

Pelo que se percebe, no mundo espiritual há uma variedade muito grande de entidades. Se é ele formado das criaturas que aqui viveram, apenas desvestidas da indumentária orgânica, e se o nosso planeta é constituído de pessoas boas e de pessoas más, de criaturas honestas e de criaturas

48   Para Entender... Espiritismo

corruptas, de homens trabalhadores e de homens preguiçosos, de mulheres virtuosas e de mulheres levianas, de gente vivamente voltada para o Bem, para o Belo, para a Verdade, e de outra leva de gente que se compraz nas maldades, nas futilidades, nas iniqüidades — o mesmo panorama se nos depara no mundo espiritual, de vez que a morte não é nenhum trampolim para a santidade nem passaporte para a sabedoria plena. Sem dúvida, há Espíritos que, uma vez desvencilhados da carne, tomam novos rumos, adotam outras posturas, reformulam para logo o seu modo de pensar e de agir. No entanto, quantos de nós permanecemos mais ou menos na mesma pasmaceira! E aí, quantos ainda não iremos manter os mesmos vícios, as velhas manias, os hábitos cristalizados há anos?

No mundo espiritual cada qual vai situar-se

no nível em que sempre esteve em seus pensamentos e em suas ocupações. Lá encontraremos escolas e hospitais, oficinas e laboratórios, jardins e pocilgas, salas de música e presídios de recuperação. O justo sente-se feliz porque traz a consciência tranqüila de que não prejudicou a ninguém. Já o ladino, o esperto, o rancoroso, o vingativo, vão chorar suas dores em razão destas suas mazelas morais. Quem fez o bem sem olhar a quem, semeando benefícios pelo simples prazer de ser útil ao semelhante, encontra o abraço amigo, o beijo afetuoso, o aperto de mão fraternal de tantos quantos foram seus beneficiados. Até ele chegam as preces daqueles que têm saudades de sua vida na Terra. De igual maneira, aquele que matou, que roubou, que mexericou, que infernizou a vida do próximo, defronta-se com a consciência desassossegada apontando-lhe todos os seus atos infelizes, além de sentir as acusações permanentes de suas vítimas. É quando, então, acossados pelo remorso, pedimos a bênção de um novo corpo, concessão que nos será oferecida quando os amigos espirituais acharem realmente oportuna para reparação dos erros transatos.

No mundo espiritual não há, portanto, ociosidade, contemplação mirífica, nirvana eterno em afável *dolce far niente*!

Ao contrário, legiões de socorristas atendem os que sofrem nos hospitais, nos presídios, nos lares, nos casebres da Terra. Equipes de mensageiros inspiram os que se devotam a tarefas terrenas de serviço cristão. Grupos de entidades amigas velam pelo êxito de nossos nobres empreendimentos. Falanges de benfeitores nos socorrem em nossas lutas redentoras. Através da prece e do pensamento digno, do trabalho honrado e do estudo diligente como que abrimos as portas de nosso coração e de nossa mente para recepção deste auxílio constante e imperceptível. Tanto como há também, a nosso derredor, permanentemente (caso sejam de ódio, de lascívia, de gula, de intemperança, de indolência os nossos propósitos maus), Espíritos de igual padrão vibratório, como que nos açulando os pendores negativos de modo que entre nós e eles se estabelecem dolorosas ligações, nos trazendo doenças, desequilíbrios, frustrações, entravando nosso caminhar. Culpa deles? Não... *Culpa nossa!* Nossa porque generosamente nós a eles nos entregamos sem reservas, abrindo de par em par os escaninhos de nossos pensamentos, de nossas intenções, mediante palavras chulas, ações impensadas, leituras às vezes fesceninas, e conversações maliciosas.

52 Para Entender... Espiritismo

Kardec, em "O Livro dos Espíritos", muito a propósito, na questão nº 466, indaga ao plano espiritual por que permite Deus que os Espíritos inferiores nos incitem ao Mal. Respondem os mensageiros do Alto o seguinte:

"Os Espíritos imperfeitos são os instrumentos destinados a experimentar a fé e a constância dos homens no bem. Tu, sendo Espírito, deves progredir na ciência do infinito, e é por isso que passas pelas provas do mal para chegar ao bem. Nossa missão é a de colocar-te no bom caminho, e quando más influências agem sobre ti, és tu que as chamas, pelo desejo do mal, porque os Espíritos inferiores vêm em teu auxílio no mal, quando tens a vontade de o cometer; eles não podem ajudar-te no mal, senão quando tu desejas o mal. Se és inclinado ao assassínio, pois bem, terás uma nuvem de Espíritos que entreterão esse pensamento em ti; mas também terás outros que tratarão de influenciar-te para o bem, o que faz que se reequilibre a balança e te deixe senhor de ti."

Depois deste esclarecimento, desnecessário seria qualquer acréscimo de minha parte, não é mesmo?

5
AS DIFERENTES FORMAS DE MEDIUNIDADE

O apóstolo Paulo (o mesmo São Paulo, da Igreja Católica), escrevendo aos coríntios, na sua primeira epístola, exatamente no capítulo 12, versículo 1 até 11, relaciona uma série de dons espirituais declarando (versículo 7) que a manifestação do Espírito é dada a cada um para o que for útil. Aliás, em todo o texto bíblico, desde os livros atribuídos a Moisés até o Apocalipse, de João, encontramos todos os tipos de mediunidade como as curas, os processos de obsessão e seu tratamento desobsessivo, as escritas diretas, a materialização de Espíritos, a xenoglossia, ou seja, a mediunidade em língua estranha ao médium, bem como fenômenos anímicos de desdobramento etc., etc., etc.

Neste capítulo tentarei sumariar o assunto ao leitor.

Antes, porém, convém seja feita a distinção entre fenômeno realmente mediúnico e fenômeno anímico, se bem que possa haver um fenômeno misto. Vamos explicar esta matéria para melhor entendimento.

Um fenômeno é dito *mediúnico* quando, para acontecer, há necessidade da ação de um Espírito desencarnado que utiliza um médium para a sua realização. Dá-se tal ocorrência, que nada tem de sobrenatural nem de patológico, em razão de um entrosamento entre o perispírito do encarnado, o médium, e o desencarnado ou o Espírito comunicante.

O médium poderá ser facultativo ou voluntário quando ele sabe controlar as faculdades que possui, só permitindo sua ocorrência quando julgar conveniente e a aplica para o Bem. E poderá ser involuntário ou natural quando não tem consciência plena do que está se passando, devendo, então, procurar conhecer a Doutrina dos Espíritos, participando dos estudos e das práticas mediúnicas numa casa espírita.

Kardec classificou os fenômenos mediúnicos em dois grupos gerais:

I – Fenômenos de efeitos físicos:

58 Para Entender... Espiritismo

a) Materialização: O Espírito aproveita um material do médium (às vezes também da assistência), a que se dá o nome de ectoplasma, para a reprodução de objetos, ou mesmo de seu corpo, tornando-se visível, podendo ser até tocado por qualquer pessoa. Explicam-se assim inclusive os aparecimentos de Jesus após a crucificação.

b) Transfiguração: O Espírito imprime uma sensível modificação nos traços fisionômicos do médium.

c) Levitação: O Espírito toma material do médium para erguer objetos e pessoas, contrariando a lei da gravidade, sem nenhum concurso mecânico, elétrico, magnético ou eletrônico.

d) Transporte: O Espírito faz com que entrem ou saiam objetos de recintos totalmente fechados, ou de lugares distantes.

e) Voz direta: O Espírito faz ecoar no recinto

Para Entender... Espiritismo

vozes, sem usar as cordas vocais do médium.

f) Escrita direta: O Espírito escreve, sem usar a mão do médium, frases, palavras, mensagens diversas.

g) Tiptologia (ou mesas falantes): O Espírito, mediante pancadas, dá respostas inteligentes às perguntas que lhe são formuladas.

h) Sematologia (atualmente a Parapsicologia chama de Psicocinesia): O Espírito mobiliza recursos ectoplásmicos do médium para movimentar objetos sem contato físico, e assim se comunicar.

i) Curas espirituais: O Espírito poderá curar doenças, fazer cirurgias, usando instrumentos materiais ou não, como todos conheceram com o médium Zé Arigó e o médium Dr. Edson Queiróz, intermediários de um Espírito de nome Dr. Fritz. Eu mesmo, em 1964, fui operado, por uma enti-

60 Para Entender... Espiritismo

dade ignorada, por meio de um médium de nome Borges, de uma hérnia inguinal, sem qualquer objeto cortante.

II – Fenômenos de efeitos inteligentes:

a) Vidência: O médium vê o que se passa no mundo espiritual, não com os seus olhos corporais porém com o perispírito, pois é ele, perispírito, que propicia o fato mediúnico. Tem-se, no caso, a chamada dupla vista. Em 1984, através de um médium de nome Patrício, uma entidade ignorada me dizia que eu estava muito doente dos intestinos. Na época eu não sentia nada. Mas a doença (creio que divertículos e uma colite emocional muito dolorosa) só veio a se instalar dois anos mais tarde.

b) Audiência: O médium ouve o que lhe dizem os Espíritos. É a chamada clariaudiência.

c) Psicografia: O médium escreve, com mais

ou menos consciência, mensagens dos Espíritos.

d) Psicofonia: O médium fala, mais ou menos sem consciência, palavras dos Espíritos. O povo chama a isto de "incorporação".

e) Xenoglossia: O médium dá uma comunicação escrita ou falada numa língua que lhe é estranha.

Por outro lado, um fenômeno é dito *anímico* quando para acontecer não há necessidade de nenhum Espírito desencarnado. O próprio Espírito do médium é que é o agente do fato. Por exemplo:

1) Bilocação ou desdobramento ou ainda bicorporeidade: O Espírito do encarnado separa-se do corpo material e se apresenta de uma forma materializada, com todas as aparências de uma pessoa viva, noutro lugar distante de onde ficou o corpo físico.

2) Psicometria: O sensitivo (esta palavra nos casos de animismo é preferível à palavra médium!) pode recapitular ocorrências relacionadas a algum objeto com o qual ele agora está se pondo em contacto.

3) Sonambulismo: O Espírito afasta-se do corpo e, em estado de maior liberdade, poderá vir a usá-lo como se fosse um Espírito desencarnado através de um médium, de nada recordando, depois, quando volta ao estado de acordado.

Já afirmamos que às vezes o fenômeno é misto: realmente isto se dá, por exemplo, quando o indivíduo em transe sonambúlico passa a dar informações não propriamente suas, porém de outros Espíritos que o cercam.

Eis, então, em rápidas pinceladas as diferentes modalidades de faculdades mediúnicas, como

Paulo já dizia aos coríntios em sua primeira epístola, capítulo 12.

Para finalizar este estudo importa recordar Kardec, que nos alerta para isto: nem todas as comunicações são instrutivas. Muitas são grosseiras porque partem de Espíritos imperfeitos e inferiores, nelas sendo encontrados erros crassos, termos até mesmo obscenos, ensinamentos malévolos, um conteúdo no mínimo muito trivial. Há comunicações frívolas, que falam, falam, falam e, se você for procurar analisá-las, sem qualquer prevenção nem cega aceitação, verá que o comunicante falou muito e não disse nada, porque são comunicações cheias de absurdos, destituídas de senso lógico, provenientes de entidades levianas, zombeteiras, brincalhonas, que se divertem querendo pregar peças nos incautos e nos ingênuos. Daí a necessidade do exame desapaixonado de qualquer comunicação, ainda que tenha a assiná-la ou a ditá-la um Espírito que não se peja de usar nomes de grandes vultos da História da Humanidade.

Interessam-nos, sem dúvida, as comunicações instrutivas, sérias e verdadeiras, trazendo-nos consolo e esclarecimento, com fundamento lógico e que, por isso mesmo, contribuem para o nosso progresso moral e espiritual.

6
COMUNICAÇÃO ENTRE VIVOS

Não são apenas os Espíritos desencarnados que se comunicam com os homens, não! Os próprios encarnados podem dar comunicações. Vou dar um interessante exemplo neste sentido. Vejamos esta carta:

66 Para Entender... Espiritismo

Recife, 29 de julho de 1995.

Meus familiares queridos.

Tudo o que está ocorrendo é necessário: tenhamos na misericórdia de Deus a nossa fé, e nesses irmãos dedicados, da espiritualidade, o nosso apreço. Têm sido anjos tutelares das horas amargas destes últimos dias, nesta encarnação.

Não se impressionem pelos fatos ocorridos, pois está tudo sob controle. Tenho-me encontrado com mamãe e conversamos bastante sobre tudo. Soube que o seu desencarne, também está próximo, pois o corpo começa a dar os últimos sinais de vitalidade. Estamos próximos de nos unir na Espiritualidade e já fomos levados para visitar o lar que prepararam para nós, tendo de frente o Espírito amoroso de Sinhô e de D. Blandina.

Estamos bem e tudo passará. Não se impressionem com o que têm observado a meu respeito; tenhamos fé em Deus, Pai de misericórdia infinita, e em nosso Mestre e Senhor Jesus, o Cristo de Deus.

Lula, Tancredo, Paulo, Socorro, Judith e Marilu, ajudem a minha família, principalmente os filhos, que precisam de uma fé e coragem que não têm.

Peço a Deus por Edileuza, Espírito dedicado, amoroso em todas as horas. Jesus a abençoe por tudo.

Tenhamos toda a fé que transporta montanhas, porque tudo passará.

Que Jesus abençoe a todos. Para você, minha sobrinha do coração, o meu ósculo de amor e carinho, minha gratidão por tudo.

68 Para Entender... Espiritismo

Agradeçamos a Jesus pelas dores e pelas provas que quebram a casca dos nossos desequilíbrios e débitos do passado, a fim de nos libertarmos e sermos mais felizes.

Aqui me despeço com um beijo e um abraço para todos vós, meus familiares queridos.

A gratidão eterna deste irmão em Jesus.

CAETANO COIMBRA

Bem, lida esta mensagem, passo a fazer alguns esclarecimentos. Fui amigo de Caetano Coimbra; **fui e ainda sou** porque o sei vivo no mundo espiritual. Trocamos muitas cartas porque foi durante quase 40 anos um dos diretores da Comissão Estadual de Espiritismo, em Pernambuco, estando à frente do Mensário Espírita, de que às vezes sou colaborador. Caetano até me presenteou com alguns livros, dentre eles uma edição antiga da **"Vida de Jesus"** da lavra do francês Joseph-Ernest Renan (1823-1892).

No dia 27 de julho de 1995 internava-se no Hospital Santa Joana, de Recife, em virtude do agravamento de sua moléstia (câncer nos ossos) e veio a desencarnar no mesmo Hospital no dia 13 de agosto. No dia 29 de julho, quer dizer, estando ele ainda no mundo material, deu a referida comunicação por escrito através de sua sobrinha Diana, convalescente de uma recente cirurgia. Uma vez de posse da comunicação o documento foi levado a cartório e ali devidamente reconhecida a sua firma, no dia 2 de agosto. Como se vê, não se trata de nenhuma mistificação, de nenhum embuste, de nenhuma fraude. O querido Caetano, ainda em vida orgânica, efetivamente deu uma comunicação psicográfica. E o

70 Para Entender... Espiritismo

mais importante é declararmos que a sua mãezinha, com a qual conversava em Espírito, durante a sua hospitalização (doente terminal), veio a desencarnar onze dias depois, no dia 24 de agosto. E o Caetano a isto se refere na mensagem transcrita acima.

Portanto, quando se fala em mediunidade, pensa-se sempre na comunicação dos **mortos** com os vivos. É o que de um modo geral, havendo condições tanto do desencarnado como do médium, se dá. Mas, como vimos acima, pode dar-se também a comunicação entre encarnados, sobretudo quando, conforme o caso do meu dileto irmão e amigo Caetano Coimbra, o encarnado está já prestes a regressar ao mundo espiritual. O astrônomo francês Camille Flammarion se dedicou a este estudo no livro (em 3 volumes) **"A Morte e o Seu Mistério"**.

Para terminar este capítulo, volto a falar sobre a mediunidade, transcrevendo na íntegra uma oportuna mensagem do Espírito Albino Teixeira pelo médium Chico Xavier, de título "Mediunidade e Estudo", onde encontramos as seguintes orientações doutrinárias:

O dinheiro em si não é bom, nem é mau.

Instrumento neutro, é capaz de criar a abastança ou estimular a miséria, dependendo isso daqueles que o retêm.

A eletricidade em si não é boa, nem é má.

Energia neutra, é capaz de engrandecer o trabalho ou precipitar o desastre, dependendo isso daqueles que a manejam.

O magnetismo em si não é bom, nem é mau.

Agente neutro, é capaz de gerar o bem ou produzir o mal, dependendo isso daqueles que o dirigem.

Assim também é a mediunidade, que não é boa, nem é má em si mesma.

Força neutra, é capaz de promover a educação ou acalentar a ignorância, dependendo isso daqueles que a usufruem.

Para o progresso louvável do dinheiro, contamos com os preceitos morais que patrocinam o aperfeiçoamento da alma; para a utilização correta da eletricidade, possuímos os princípios da ciência que controlam a Natureza; para a sublimação do magnetismo, temos as leis da responsabilidade pessoal que honorificam a consciência; e, para a justa aplicação da mediunidade, dispomos dos ensinamentos do Espiritismo, consubstanciando a religião da Justiça e do Amor que ilumina todos os distritos do Universo.

E Albino Teixeira encerra esta linda lição com estas palavras amorosas e oportunas: "Irmãos, estudemos a Doutrina Espírita, a fim de que possamos compreender médiuns, mediunidades e fenômenos mediúnicos."

7
VIDAS SUCESSIVAS

No Sermão do Monte, Jesus dentre outras coisas dizia categoricamente: Sede perfeitos como Perfeito é o Pai Celestial (Evangelho segundo Mateus, capítulo 5, versículo 48). Bem, se levarmos em conta apenas os anos que temos entre o berço e o túmulo de uma única existência corpo-

76 Para Entender... Espiritismo

ral aqui na Terra, convenhamos que então o Cristo estaria nos dando uma ordem, um conselho ou uma sugestão simplesmente impossível! Como é que iremos ser perfeitos em sabedoria e em moralidade com o curto tempo que vivemos na face da Terra se, por exemplo, existem mais de 4 mil idiomas no mundo e raríssimos são os poliglotas? Poucos dominam mais de 4 ou 5 idiomas. E note o meu leitor que estou enfocando apenas o conhecimento das línguas faladas. Não me referi às mortas como o latim e o grego, pois há quem as conheça, sim. Notar ainda o meu leitor que eu não me referi às ciências físicas, às ciências sociais, não me referi às artes, como a música, a poesia, a pintura, a dança, a escultura. Não fiz alusão ao conhecimento das correntes filosóficas. Sequer abordei as qualidades morais como a modéstia, a bondade, a persistência, a fé, a caridade,

Para Entender... Espiritismo

a abnegação, a renúncia, a gentileza. Não levei em conta as habilidades manuais como saber plantar um canteiro de hortaliças ou um jardim de flores, preparar iguarias apetitosas, costurar roupas adequadas, fazer sapatos, pegar da madeira e fazer uma cadeira, uma cama, um armário. Não me detive na confecção de artesanatos, na instalação de fiação elétrica ou de tubulações hidráulicas de um prédio, na pilotagem de um avião ou na direção de um automóvel. Ah, sim, eu não lembrei a perícia de um cirurgião, a destreza de um pedreiro, a visão ampla de um general, a facilidade com que um pescador deita a rede ao mar e recolhe peixes antes de o sol nascer. E por aí vão as múltiplas facetas da atividade humana na agricultura, na pecuária, no comércio, na indústria, nas oficinas, nos laboratórios, nas áreas modernas da computação e das telecomunicações, na extração

78 Para Entender... Espiritismo

de minérios do solo, na exploração do Universo sideral.

Como ser perfeito em tudo isto (e muito mais ainda!) se temos só uma vida, como muita gente admite por aí? Jesus estaria positivamente dando-nos uma ordem, um conselho, uma sugestão de impossível execução.

Vamos, porém, a outra ordem de raciocínio.

Como entender, se só existe uma vida, a existência de crianças que nascem doentes tanto do ponto de vista físico como também mental? A existência no mesmo planeta Terra de povos chamados civilizados e povos em estágios culturais menos desenvolvidos? Seria apenas uma questão de herança dos pais transmitindo genes deficientes aos filhos? Um efeito colateral de algum medicamento que a mulher teria tomado durante a

Para Entender... Espiritismo   79

gravidez? Seria a desigualdade entre as nações uma simples questão político-econômica? É possível que estas ponderações tenham alguma razão de ser. Explicam. Mas não justificam.

Vou contar um caso para ilustrar o que quero dizer.

Conheci um general que, no quartel, quando era ainda coronel, ao dar determinada instrução a um grupo de soldados, sofreu um acidente com uma granada, perdendo a visão. Foi reformado na patente de general. Era espírita, de maneira que soube com serenidade enfrentar esta dolorosa provação. Bem, um dia, em conversa com um sacerdote católico, perguntou-lhe este militar:

— Padre, se Deus é bom e é justo, por que é que me deixou ficar cego desta maneira?

Respondeu o clérigo:

— Ah, meu filho, você ficou cego porque

80 Para Entender... Espiritismo

Deus quis provar a você que o Criador é forte.

Ao que de imediato refutou o general:

— Mas logo para cima de mim que Deus quis mostrar sua força, padre?! Não poderia ser em cima do senhor?! Eu também o consideraria forte, se o senhor é que ficasse sem a visão.

Pois é... Doenças hereditárias ou então congênitas podem explicar o nascimento de crianças doentes incuráveis. A má distribuição da renda pode explicar as desigualdades sociais de um povo ou mesmo da Humanidade inteira; se bem que, já São Basílio, dirigindo-se há séculos aos ricos da sua igreja de Cesaréia, entre outras admoestações, fez esta que ainda tem uma atualidade gritante:

"Não é unicamente para depositário fiel, a administrador liberal dos bens que lhe são confiados, que o rico mereça sua recompensa, e o pobre paciente e resignado, obtenha o prêmio de seus sofrimentos?

(...) Que é que vós chamais de ladrão? É aquele que despoja os outros?

Não vos reconheceis por estas definições? Não sereis vós... um ladrão, Vós que vos apropriais daquilo que não recebestes senão para distribuir?"

Todos os bens de que dispomos (dinheiro, poder, fama, saúde, inteligência etc...) devem ser mobilizados em prol do bem comum. Mas voltemos à tese das vidas sucessivas.

Como explicar, se a vida é uma só, as crianças-prodígio? E a sensação de que já vimos uma certa cidade ou uma determinada paisagem anteriormente se nunca ali estivemos antes?

Como explicar as antipatias e as simpatias que surgem repentinamente entre mim e outra pessoa

82 Para Entender... Espiritismo

a quem jamais vi "mais magra ou mais gorda"? Como explicar a repulsa ou a atração logo na primeira vista?

São estas questões que nos levam a admitir este fato: Já vivemos outras vidas na face da Terra e nos relacionamos com estas pessoas. E muitas outras vidas ainda teremos de viver na face deste e de outros mundos para que possamos crescer, progredir, avançar tanto em sabedoria como em moralidade. A misericórdia de Deus jamais fecha a porta ao que errou enviando-o sem dó nem piedade para o inferno. Como também seria muita pretensão de nossa parte querer entrar no céu depois da morte, só porque pertencemos a esta ou àquela religião. Posso respeitar quem pense dessa maneira. Mas a mim não me parece isto condizente com a justiça do Criador, que é, conforme já escrevi capítulos antes, Amor e Bondade!

Aliás, modernamente a reencarnação não é mais assunto da esfera religiosa. Hoje em dia é objeto de estudo pela ciência, sobretudo pela Parapsicologia, que, devo ressaltar, reafirma os princípios da Doutrina Espírita.

Ainda no terreno religioso, e mais uma vez voltando nossa atenção para o texto evangélico, encontraremos ali mais duas passagens onde a tese das vidas sucessivas aparece bem exposta, sobretudo quando se sabe que os judeus confundiam reencarnação com ressurreição. Na reencarnação o Espírito volta ao mundo em um novo corpo que nada tem mais a ver com o anterior, já decomposto pela ordem natural das coisas. Já na ressurreição, crença que ainda hoje tem muitos adeptos, embora seja cientificamente impossível, o Espírito voltaria a habitar aquele mesmo corpo que deixou desde muito tempo. Convenhamos que isto

84 Para Entender... Espiritismo

seria a aberração das leis naturais. Mas era assim que pensavam os judeus e ainda pensam muitos religiosos da atualidade.

Disse haver no texto evangélico mais duas passagens sobre este assunto; vejamos:

1) Jesus indaga a seus discípulos: Quem dizem os homens ser o Filho do Homem? Responderam os apóstolos: Uns dizem que é João, outros que Elias ou Jeremias ou alguns dos profetas. Isto aparece muito claro em Mateus, capítulo 16, versículos 13 e 14 e também em Marcos, capítulo 8, versículos 27 e 28. Esta mesma preocupação passou pela cabeça de Herodes quando interpela: Se mandei decapitar João, quem é este Jesus? (Lucas, capítulo 9, versículo 9).

O Cristo não estranhou a resposta dada pelos discípulos, não! Esclareceu ainda: Elias já veio e eles não o conheceram; antes, fizeram dele quan-

Para Entender... Espiritismo 85

to quiseram. Os que tenham ouvidos de ouvir, que ouçam. E o evangelista Mateus, no capítulo 17, categoricamente afirma que os discípulos (e o próprio Mateus era um deles!) compreenderam que Jesus lhes falara de João, o Batista, realmente morto por ordem do tetrarca Herodes.

2) Na calada da noite, Nicodemos, mestre em Israel, entendido nas tradições e nas leis do Mosaísmo, procura Jesus para saber como podemos entrar no reino dos Céus. Isto agora é registrado pelo evangelista João, capítulo 3 de seu Evangelho. Como o leitor poderá ler no trecho aí citado, Jesus diz ser necessário nascer de novo. Nicodemos estranha como é que um homem, já envelhecido, poderá entrar de novo no ventre materno. E Jesus insiste em mostrar a necessidade imperiosa da reencarnação.

Todo o passado religioso da humanidade ates-

86   Para Entender... Espiritismo

ta a tese reencarnacionista. Posso dar ligeiros exemplos disto:

a) Na Índia encontramos no famoso poema **Bhagavad Gita** (Sublime Canção da Imortalidade) esta sentença: Assim como uma criatura se desnuda das roupas antigas para vestir outras novas, assim também a alma deixa este corpo para tomar outro.

b) Na Pérsia existiu o masdeísmo a pregar deste modo: Se alguém sofre, e não fez nada para isto nesta vida, fê-lo sem dúvida em vida anterior.

c) O Talmud, antes mencionado, obra conhecida naturalmente por Nicodemos, apresenta esta referência mais do que clara: A maioria das almas estando presentemente em estado da transmigração, recebe o homem aquilo que mereceu numa vida passada, e outro corpo...

Para Entender... Espiritismo 87

d) No sufismo, que é um ramo do maometismo, era ensinado que morri mineral e converti-me em planta; morri planta e nasci animal; morri animal e converti-me em homem. Na próxima vez morrerei homem para que me possam nascer asas de anjo. Ora, que é isto senão a sucessiva progressão do princípio inteligente que o Espiritismo chama de evolução anímica, que se processa ao longo dos milênios?

Disse, repetindo uma frase anterior, que a reencarnação nos dias atuais não é mais do âmbito religioso; é tema de investigação pela ciência parapsicológica com a memória extracerebral, com a terapia de vidas passadas, etc. E assim é... Ian Stevenson, norte-americano da Universidade de Vírgínia, por exemplo, já lançou o livro **"Vinte Casos Sugestivos de Reencarnação."** O indiano Barnejee por sua vez escreveu **"Vidas**

Pretérita e Futura" e também **"Vidas Ilimitadas".** Nossos patrícios Carlos Imbassahy e Mário Cavalcanti de Melo nos legaram a excelente obra **"A Reencarnação e Suas Provas".** Mais recentemente, dentre outros, o engenheiro Hernani Guimarães Andrade ofereceu ao público o trabalho **"Reencarnação no Brasil".** Como se vê, a lista se faz longa .

Não se pode, pois, dizer que a reencarnação seja uma invenção dos espíritas. Gente que nada tem em comum com a Doutrina dos Espíritos abertamente defende esta tese. Verei alguns exemplos para pôr um ponto final neste capítulo:

1º) O inventor Benjamin Flanklin mandou que lhe colocassem esta lápide tumular: Aqui jaz o corpo de Benjamin Franklin, livreiro, como a capa de um livro velho, despedaçado e despido de seu título e de seus dourados, entregue aos vermes.

Mas a obra não está perdida, pois aparecerá mais uma vez, em nova e elegante edição, revista e corrigida pelo autor.

2°) O renomado Henry Ford assim se pronunciou: O trabalho é fútil se não podemos utilizar a experiência que reunimos numa vida para usá-la na próxima. Quando descobri a reencarnação, foi como se tivesse encontrado um plano universal. Compreendi que havia uma oportunidade para pôr em jogo as minhas idéias. Gênio é experiência. Algumas pessoas parecem pensar que se trata de um dom ou de um talento, mas é fruto de longa experiência em outras vidas.

3°) O naturalista belga Materlinck teve estas considerações: Nunca houve crença mais bela, mais justa, mais pura, mais moral, mais fecunda, mais consoladora, e até certo ponto mais verossímil que a reencarnação. Só ela, com sua doutrina das expiações e das purificações sucessivas, dá conta de todas as desigualdades físicas e intelectuais, de todas as iniqüidades sociais, de todas as injustiças abomináveis do destino. É a única que não é odiosa e a menos absurda de todas.

4°) O líder hindu Gandi explicava: Faz parte da bondade da Natureza isso de não recordarmos os nascimentos passados. Que haveria de bom no conhecimento pormenorizado dos numerosos nascimentos pelos quais tenhamos passado? A vida seria uma carga se carregássemos tão tremendo acúmulo de lembranças.

Fico por aqui.

8
CONSTRUÍMOS NOSSO DESTINO

De início devemos diferençar determinismo de fatalidade. Determinismo é um sistema filosófico que nega ao homem o direito de agir livremente, de acordo com sua vontade. Por exemplo, na antiga mitologia grega encontramos a concepção das **Parcas**: eram três, a saber, **Cloto, Láqueis**

92 Para Entender... Espiritismo

e **Átropos** que fiavam, enovelavam e por fim cortavam o fio da vida. Quer dizer, teciam a teia do destino, na qual era presa a vida humana, sem que a criatura pudesse desta malha escapar. De certa forma filósofos como Pitágoras e Heráclito admitiam a existência de um poder absoluto de forças universais de modo que a sorte das pessoas não poderia ser modificada.

Contra isto se insurge Sócrates e mesmo antes dele os filósofos sofistas. Sócrates, por exemplo, afirmava que o conhecimento constitui a suprema realização do ser humano; alcançando este conhecimento, o indivíduo age com acerto e se torna bom. Ainda de acordo com a pregação socrática, pelo conhecimento o homem tem uma certa influência sobre o seu destino não só na Terra como na vida futura. Seu discípulo Platão pensava de igual maneira quando afirmava que o ho-

Para Entender... Espiritismo

mem, embora sendo criatura do Criador Divino, pode ordenar sua vida de modo a vivê-la com espírito de justiça e sensatez. Do mesmo modo Aristóteles admitia as coisas ao declarar que temos a liberdade de fazer o que é bom ou o que é mau.

Ainda na Grécia antiga, enquanto Epicuro e os epicuristas defendiam abertamente o livre-arbítrio, Zenão e os estóicos advogavam tese contrária, quer dizer, o mundo é o resultado de leis fixas e imutáveis. Pensadores religiosos como Filon e Plotino acreditavam que o Espírito seria livre apenas quando não estava ligado ao corpo material. A encarnação, para eles, era uma queda e aí a alma não seria mais tão livre como anteriormente era. Na mesma trilha seguiram os primeiros cristãos da Idade Média (que durou desde 395 até 1453) devendo ser dito, no entanto, que o monge Pelágio , inglês que teria vivido entre 360 e 422, alegava abertamente Deus ter dado ao homem liberdade de escolha entre o bem e o mal. Segundo ele, cada qual faz a sua própria opção dentro do espírito do livre-arbítrio.

Eis que a Humanidade conheceu o Renascimento nos séculos XV e XVI, numa movimentação cultural de largas implicações políticas, econômicas e sociais, na literatura, nas artes, nas ciências, dando origem à Idade Moderna. O homem procurou libertar-se das idéias religiosas com as descobertas de Galileu, de Kepler, de Copérnico, de Newton... Todavia, o destino humano, para muitos pensadores de então , se não dependia do que dizia a Igreja, por outro lado estava como que inflexivelmente preso a um Universo mecânico. Francis Bacon, de fato, admitia a possibilidade de serem descobertas leis que governam o universo e aquelas leis que determinariam também as próprias ações humanas. Thomas Hobbes já não pensava assim. Para ele, estando o mundo sujeito a uma série de causas e efeitos de natureza mecânica, também o homem em seu destino não teria liberdade alguma.

Descartes voltou à trilha anterior. Segundo este pensador francês (1596 – 1650) o homem é livre, sim; Pascal; outro famoso pensador francês que viveu entre 1623 e 1662, de sua parte retornou à pregação religiosa tradicional ao dizer que o homem só é livre através de experiência religiosa. Já segundo Espinosa não haveria o livre-arbítrio coisa nenhuma! Tudo no Universo se encadeia e o homem não pode fugir deste encadeamento superior à sua vontade. Numa fase mais adiante, a Humanidade conheceu outros pensadores. Por exemplo: John Locke admitia que Deus

96 Para Entender... Espiritismo

dotou o homem de certos desejos, os quais o levam a ter vontade; tendo vontade, o ser humano é livre para agir. David Hume aceitava a liberdade humana quando as suas ações, de fato, provêm de seus desejos, de sua vontade. Deixa de ser livre o homem quando tem de atender a uma necessidade exterior, que não é sua e a ela deve sujeitar-se. Leibnitz, por sua vez, admitia o homem comandado por sua vontade, pelos seus desejos, por sua natureza. Quer dizer, a vontade do homem é manifesta quando ele sabe o que quer e luta por isto; não será livre se não souber o que quer.

E os anos vão-se passando e a humanidade entra na fase do Iluminismo, movimento cultural europeu nos séculos XVII e XVIII. Neste período temos Voltaire, o célebre francês (1694 – 1778). De começo pregava a doutrina do livre-arbítrio, caindo quase na mais completa irresponsabilidade. Posteriormente, abandonou estas idéias fazendo-se determinista. Dizia que só era livre quando podia fazer o que queria.

Aparece o educador suíço Jean Jacques Rousseau (1712 – 1778), para quem o homem é livre. Não é um mero joguete das leis naturais. No entanto a alma tem de lutar para viver segundo esta liberdade que possui. Influenciado por Rousseau, o filósofo alemão Immanuel Kant (1724 – 1804) aceitou o livre-arbítrio como necessário ao homem moral. Assim, a criatura humana é livre, cria o ato e este a levará, fatalmente, a uma intrincada teia de causa e efeito. Na filosofia kantista existe uma verdade mais elevada que as ciências não alcançam; e é esta verdade mais elevada da natureza moral do homem que o faz livre.

98 Para Entender... Espiritismo

Para não alongar demais este capítulo, direi que William James lembra o fato de que o homem tem vontade de crer e esta sua faculdade lhe confere liberdade; por seu turno, John Dewey concebe o homem cooperando na criação do mundo; segundo ele, então, os desejos e as tendências humanas é que dirigem o mundo.

Bem, passei em revista o que é que pensaram os filósofos ao longo dos séculos. E o Espiritismo? Qual é a posição da Doutrina Espírita?

Para responder a esta questão, precisamos levar em conta antes de tudo a reencarnação. Sim, a teoria das vidas sucessivas aqui, mais do que nunca, deve ser considerada com muito cuidado. Não há à luz do Espiritismo nenhum fatalismo, sobretudo de ordem moral. Quer dizer, ninguém nasce com a sina (a triste sina até!) de tornar-se um criminoso. Não há esta espécie de fatalidade que obriga o homem a ser constrangido a agir de maneira contrária ao seu íntimo. Não. Ele é sempre o senhor do seu destino. É o construtor de sua alegria ou de sua desventura.

Procurarei fazer-me mais claro ainda: o homem está subordinado, como se aprende em Espiritismo, a um livre-arbítrio relativo e a um determinismo também relativo, de acordo com que fez ou deixou de fazer em suas vidas corpóreas anteriores. Assim, os atos que pratica não foram previamente determinados nem estão inscritos nos astros, como prega a Astrologia desde os tempos mais antigos. Não. Jesus foi bem claro ao dizer que a cada um é dado de acordo com as suas obras. Os delitos que porventura venha praticar, o homem não estava a estes crimes fatalmente destinado, não! Antes de voltar ao mundo corporal, o Espírito escolhe o gênero de vida que levará. Ele

100 Para Entender... Espiritismo

escolhe o tipo de expiações e de provações pelas quais terá de passar em função de seus atos anteriores. Desta maneira, trazendo tendências boas ou más, o Espírito reencarna naquele ambiente ou junto daquelas pessoas que melhor convêm ao seu progresso moral. Às vezes, em função de seus débitos antecedentes, aquele meio ou aqueles companheiros de romagem terrena são um convite pernicioso à prática do mal; mas ainda assim o Espírito é senhor de suas ações, podendo perfeitamente deixar de praticar o mal se tiver uma educação adequada, uma força de vontade firme, a fé na assistência amorosa dos Espíritos desencarnados que querem o seu progresso, a sua melhoria.

Resumindo: é claro que a nossa vida na Terra, cada qual numa posição social, tem muitas vicissitudes, momentos difíceis, quadras de

Para Entender... Espiritismo   101

atribulações. Não coloco isto em dúvida; afinal, também sou humano, sei o que é viver na face da Terra. No entanto, todos temos condições de ceder ou de resistir às más inclinações. Os pormenores dos acontecimentos, já que escolhemos antes da reencarnação o gênero de vida, ficam sempre subordinados às circunstâncias que nós mesmos criamos por nossos atos. E é justamente nestas circunstâncias que os espíritos, pelo pensamento, podem sugerir idéias de conformidade com nosso padrão moral.

Encerro narrando uma história muito citada no meio espírita.

Um fazendeiro praticou muitas atrocidades em sua última romagem terrena. Espancou escravos, brutalizou donzelas, mandou matar inimigos, enfim, semeou a dor, a orfandade, a viuvez. Um de seus mais hediondos delitos foi o de colocar o

102　　　　　Para Entender... Espiritismo

braço de um negro numa moenda de cana-de-açúcar e supliciá-lo até à morte esmagando estupidamente o membro superior do seu servo. Uma vez desencarnados, este negro perdoou ao seu feitor aquela violência sem nome. Não lhe guardou ressentimentos. Mas a consciência do fazendeiro não se desculpou. Percebeu a extensão de suas barbaridades. Profundamente arrependido, pediu uma nova vida aqui na Terra a fim de também perder o braço.

Bem, uma nova vida orgânica lhe foi concedida e aquele Espírito devedor realmente desde cedo deu mostras de sua reabilitação moral. Tendo nascido muito pobre, lutando com tremendas dificuldades, casou-se, constituiu família e sempre que podia fazia o bem a todos com grande dedicação. Com o pouco que ganhava como trabalhador braçal procurava socorrer os mais po-

Para Entender... Espiritismo

bres, levando comida aos famintos , remédios aos doentes, esperança aos tristes, uma palavra de ânimo aos desiludidos.

Doença inesperada levou ao túmulo a esposa querida e ele se viu a braços com maiores dificuldades em casa, onde estavam, agora, sob os seus cuidados, um bom número de crianças menores. Mesmo assim, aquele ex-latifundiário não deixou de semear o bem. Desdobrando-se como podia para atender a seus compromissos com a família, desfalcada agora da presença da esposa amada, ele ainda encontrava tempo e disposição para ir em atendimento à dor alheia. E subia morro levando mantimentos para viúvas carentes, e visitava casebres de bairros distantes levando roupas para crianças desnudas, e comparecia aos hospitais para conversar com enfermos sem visitantes, e tinha sempre uma frase de otimismo para enco-

104 Para Entender... Espiritismo

rajar um colega no emprego, um vizinho onde morava. Num palavra, aquele homem dera um giro de 180 graus em seu procedimento moral.

E chegou a hora do acerto de contas com a sua consciência. Diante do que vinha fazendo ao longo dos anos, com renúncia e mesmo com sacrifício de seu repouso físico, seria suficiente perder apenas a mão direita. O companheiro, entretanto, prosseguia na semeadura dos bons atos e das boas palavras. Resultado, lá um belo dia em seu serviço uma lâmina decepou-lhe apenas a ponta de um dedo da mão. E este acidente não o impossibilitou de continuar a trabalhar em favor de seus filhos e dos pobres que ele (sendo pobre também) procurava socorrer com tanta amabilidade.

Quero crer que esta narrativa mostra como é que cada um é o construtor do seu próprio destino. O Espírito André Luiz, escrevendo pelo médium Chico Xavier, no livro **"E a Vida Continua"**, registra estas frases lapidares:

"O destino é a soma de nossos próprios atos, com resultados certos. Devemos sempre a nós mesmos as situações em que se nos enquadra a existência, porquanto recolhemos da vida exatamente aquilo que lhe damos de nós."

9
A ORAÇÃO À LUZ DO ESPIRITISMO

Grande é o número de pessoas que procuram as casas espíritas ou simplesmente recorrem à prece em seus lares ou em outros ambientes religiosos, com a finalidade de solucionar problemas que as atormentam ou curar seus males físicos.

108 Para Entender... Espiritismo

Pessoalmente eu mesmo já tive este comportamento, e assim agirei todas as vezes que os meus recursos materiais se mostrarem incapazes na resolução das minhas dificuldades.

Entretanto, devo advertir que o céu ajuda aquele que a si se ajuda! Os amigos da Espiritualidade Superior socorrem tantos quantos fazem a sua parte por merecer esta benfazeja assistência amorosa.

Sendo assim, que as nossas rogativas não sejam no sentido de obter coisas materiais; tampouco tenhamos a tola pretensão de uma resposta rápida, imediata, aos nossos apelos, mantendo-nos no comodismo, na passividade, de braços cruzados. Porque assim procedemos, muitas vezes laborando em lamentável engano, chegamos a ficar revoltados, senão abertamente, pelo menos amuados, chateados lá no fundo dos nossos corações.

O Espiritismo nos ensina que a prece é sempre uma invocação mediante a qual o homem entra, pelo pensamento, em comunicação com o ser a que se dirige, quer dizer, a Deus, a Jesus, a um Espírito Superior (aos santos como fazem os nossos irmãos católicos, aos seus orixás como fazem os nossos irmãos umbandistas), até mesmo ao nosso Anjo da Guarda ou Espírito Protetor. Assim, as súplicas formuladas ao Criador são respondidas de conformidade com o nosso merecimento, visando ao nosso proveito espiritual pelos Espíritos encarregados de executar o cumprimento da Lei Divina.

Os Espíritos agem sobre o nosso mundo material incessantemente, influindo em nossos pensamentos, em nossos atos, até mesmo nos acontecimentos diários, respeitando sempre o li-

110   Para Entender... Espiritismo

vre-arbítrio, ou seja, a capacidade de escolha e de decisão da criatura humana. Por meio desta influência (sobretudo sobre os nossos pensamentos) eles nos podem ajudar dando-nos idéias, inspiração, criando situações e até aproximando-nos de pessoas que nos vêm auxiliar, fortalecendo-nos nas horas difíceis do viver terreno.

Todavia, volto a insistir: de modo nenhum Deus nos isenta do trabalho, para que o mérito da conquista seja nosso... Não fosse este esforço para o desenvolvimento da vontade e concretização de nossos ideais, permaneceríamos como que na infância espiritual. Não tornaríamos realidade as nossas potencialidades morais e espirituais. Para ampliar estes esclarecimentos, apresento a seguir algumas informações trazidas pelos Espíritos através da mediunidade de Francisco Cândido Xavier.

1) Toda vez que se ora num lar, prepara-se a

melhoria do ambiente doméstico. Cada prece do coração constitui emissão eletromagnética de relativo poder. Por isso mesmo, o culto familiar do Evangelho não é tão-só um curso de iluminação interior , mas também processo avançado de defesa exterior, pelas claridades espirituais que acende em torno. O homem que ora, traz consigo inalienável couraça. O lar que cultiva a prece transforma-se em fortaleza. Isto está no livro **"Os Mensageiros",** de André Luiz.

2) Novamente este mesmo Espírito André Luiz explica: Não há prece sem resposta. E a oração, filha do amor, não é apenas súplica. É comunhão entre o Criador e a criatura, constituindo, assim, poderoso influxo magnético que conhecemos. Tais orientações consoladoras também estão no livro citado acima.

3) Vejamos palavras do Espírito Emmanuel,

na obra **"Pensamento e Vida"** "A prece impulsiona as recônditas energias do coração, libertando-as com as imagens de nosso desejo, por intermédio da força viva e plasticizante do pensamento, imagens essas que, ascendendo às Esferas Superiores, tocam as inteligências visíveis ou invisíveis que nos rodeiam, pelas quais comumente recebemos as respostas do Plano Divino, porquanto o Pai Todo Bondoso se manifesta igualmente pelos filhos que se fazem bons."

4) Voltemos ao ensino dado pelo Espírito André Luiz, no livro **" Missionários da Luz."** Lá encontramos estas palavras: "A oração, elevando o nível mental da criatura confiante e crente no Poder Divino, favorece o intercâmbio de auxílio fraternal. Imensos exércitos de trabalhadores desencarnados se movimentam em toda a parte, em nome do nosso Pai. (...) os raios divi-

Para Entender... Espiritismo

nos, expedidos pela oração santificadora, conver-
tem-se em fatores adiantados de cooperação efi-
ciente e definitiva na cura do corpo, na renovação
da alma e iluminação da consciência".

5) O reverendo G. Vale Owen, na obra "**A
Vida Além do Véu**" já nos informava isto: Deveis
saber que há aqui, nomeados para a prece, guar-
das cujo dever é analisar e escolher as oferecidas
pelos habitantes da Terra, separá-las em classes e
grupos, passá-las adiante para serem examinadas
por outro e atendidas de acordo com o seu merecimento e força. (...) há também preces que se
nos apresentam sob tão profundo aspecto, que ficam fora do nosso alcance e dos nossos estudos e
conhecimentos. Estas, nós as passamos para os
Espíritos de gradação mais elevada, para que as
tratem, em vista do seu maior saber.

Aliás, o já citado Espírito André Luiz (livro

114 Para Entender... Espiritismo

"Ação e Reação") informa a este respeito que petições semelhantes se elevam a planos superiores e aí são acolhidas pelos emissários de Maria de Nazaré, a fim de serem examinadas e atendidas conforme o critério da verdadeira sabedoria. Vale lembrar que o Espírito Camilo Castelo Branco, escrevendo pela médium Yvonne A. Pereira a obra **"Memórias de um Suicida"** nos ensina haver, no mundo espiritual, sob a direção de Maria, um grupo de Espíritos socorristas que atendem as entidades que sofrem diante da desilusão além da morte, ao perceberem dolorosamente que o suicídio não resolveu os seus problemas; pelo contrário, apenas complicou as suas situações de desespero interior.

6) Ainda reforçando o que disse acima, transcrevo o que escreveu o Espírito Maria João de Deus, a mãezinha carnal do médium Chico

Xavier, em **"Cartas de Uma Morta":** "Nossa especialidade é examinar as preces dos seres terrenos, acudindo às casas de oração ou de qualquer lugar onde há um Espírito que pede e que sofre. As rogativas de cada um, então, são anotadas e examinadas por nós, procurando estabelecer a natureza da prece, os seus méritos e deméritos, sua elevação ou inferioridade, para podermos determinar os socorros necessários. Até as orações das crianças são tomadas em consideração: qualquer pedido, qualquer súplica tem a sua anotação particular. Há orações sublimes que se elevam da Terra até o nosso distrito; tão puras elas são, todavia, que atravessam as nossas regiões como jatos de luz, buscando esferas superiores, mais elevadas do que a nossa. Existem, igualmente, as imprecações mais negras e mais dolorosas. Todas, contudo, merecem o nosso particular carinho e acurada atenção."

116   Para Entender... Espiritismo

Gostaria de dizer ainda que, via de regra, a gente ora sempre para pedir, para rogar, para suplicar. Ai de nós, não rogássemos este auxílio do Alto; no entanto, o Espiritismo nos recomenda também a prece para louvar a Criação Divina , a beleza do Universo, a bênção da vida; nada como a prece para agradecer tudo quanto temos recebido, do Pai Celestial.

Finalizando este capítulo, tomo emprestadas palavras do confrade Geziel Andrade, publicadas em **"Reformador"**, mensário da FEB, em sua edição de outubro de 1992 onde, entre outras coisas, dileto amigo anota o seguinte: "(...) a vontade, o pensamento e o sentimento são tudo na oração. (...) muitos sofrimentos e problemas morais, físicos e de saúde, decorrem de faltas cometidas em vidas passadas, que temos de resgatar através de provas necessárias ao nosso progresso pessoal. Como estas situações difíceis são úteis e indispensáveis à nossa felicidade futura, não podem ser afastadas ante o nosso pedido, através da prece. Mas nunca, jamais faltará ajuda espiritual para facilitar-nos a superação dessas situações aflitivas. (...) Espíritos a nós vinculados por laços de afinidades apreciam as nossas preces a eles dirigidas por se sentirem ainda lembrados e queridos. (...) na honra da irritação, incerteza, descontrole emocional, dor, desespero, provações, depressão, angústia ou enfermidade, devemos nos recolher em silêncio e nos entregar à oração, rogando o auxílio de Deus e de Jesus: a ajuda virá, a paciência despontará, a crise logo passará e a normalidade retornará dando segurança às decisões que nos vão garantir bem-estar e equilíbrio duradouro."

10
ESPIRITISMO: COMO PRATICÁ-LO?

Bem, neste livrinho tentei passar ao leitor as bases fundamentais do Espiritismo. Agora, como palavra final, quero dizer que para a prática espírita são necessários alguns requisitos, como por exemplo:

120   Para Entender... Espiritismo

a) Leitura, e mais que leitura, o estudo mesmo, das obras básicas de Allan Kardec que são: 1 – "O Livro dos Espíritos"; 2 – "O Livro dos Médiuns"; 3 – "O Evangelho Segundo o Espiritismo"; 4 – "A Gênese" e 5 – "O Céu e o Inferno", além da "Revista Espírita". Nestes livros estão os postulados da Doutrina Espírita.

b) Leitura, e mesmo o estudo de livros de Léon Denis, de Gabriel Delanne, de Camile Flammarion, de Ernesto Bozzano, de José Herculano Pires, de Carlos Imbassahy, de Cairbar Schutel, de Deolindo Amorim, de Espíritos como Emmanuel, André Luiz, Bezerra de Menezes, Manoel Philomeno de Miranda, Joanna de Ângelis através de médiuns como Chico Xavier, Divaldo Pereira Franco e Yvonne do Amaral Pereira.

c) Participação de trabalhos e estudos de um centro espírita, onde os livros acima são objeto de estudos permanentes.

d) Aceitação da moral de Jesus com prática diária da bondade, da tolerância, do entendimento, da concórdia e do perdão, junto aos semelhantes.

"— Ora, meu amigo, a Humanidade chegou a um estágio tão avançado que religião é assunto superado... É coisa do passado... É tema que só pode mesmo interessar a pessoas de nível intelectual muito rudimentar. Não vê você que até a Lua já foi pisada e agora o homem envia ônibus para o espaço sideral? Não vê você que os transplantes de órgãos não mais despertam interesse, porque já se tornaram rotineiros nos hospitais que cuidam do coração, nos grandes centros urbanos? Não vê, outrossim, que a própria intimidade do átomo já foi desrespeitada, confirmando e ampliando as teorias de Rutherford, de Bohr e de

122   Para Entender... Espiritismo

Einstein? Ora, meu amigo, as religiões, que tanto contribuíram para o atraso da Humanidade, com suas guerras chamadas de santas, *ad majorem gloriam Dei* (para maior glória de Deus, como diziam os jesuítas), elas já tiveram sua época. Já se foi este tempo. Agora é a era dos computadores, da telecomunicação... Que me diz você disto tudo, cuja veracidade não pode pôr em dúvida em sã consciência?"

O que o meu amável leitor acaba de ler foram palavras de um amigo meu durante uma palestra que mantivemos recentemente sobre o papel das religiões no seio da família humana.

Dei-lhe a resposta que julguei mais oportuna e me pus, depois, a matutar sobre o que ele dissera, levando em conta o aspecto religioso ou éti-co-moral do Espiritismo. E porque semelhantes palavras podem aflorar aos lábios de muita gente

Para Entender... Espiritismo   123

por aí, porque semelhantes raciocínios poderão germinar no espírito de outras pessoas, que analisam friamente as religiões, cá estou, neste livro, a apresentar estas linhas.

Enquanto conviva das ceias· de Frederico, cognominado o Grande, em Potsdam, quando assuntos do Céu e da Terra eram discutidos e analisados, em 1752, o gênio de Voltaire (1694-1778) começou a escrever o seu Dictionaire Philosophique Portatif, publicado doze anos mais tarde, provocando enorme rebuliço no meio cultural de então. Pois muito bem, neste "dicionário filosófico portátil" indaga: — Qual religião seria a menos censurável? E ele mesmo dá a resposta a esta pergunta num dos nove volumes de sua mais extensa obra.

Antes de apresentar ao meu leitor a resposta de Voltaire, quero dizer que o sentimento religio-

124 Para Entender... Espiritismo

so é inato na criatura humana. Encontramo-lo nas sociedades primitivas e também no homem neste final do século XX. Haja vista que, depois da dissolução da União Soviética, agora no começo da última década do nosso século, houve um crescimento do número de fiéis buscando as casas de oração nos países socialistas. Com efeito, a História nos mostra como os povos da mais alta Antigüidade adoravam as forças da Natureza, como o Sol, a Lua, o vento, a água, o boi Ápis, a ave Íbis etc. Alguns sábios afirmam que da raiz "divv" que significa "o luminoso", derivam quase todos os nomes das antigas divindades dos povos europeus, desde o deus dos gregos ao Disvas dos lituanos, ao Deus dos latinos, ao Dia dos irlandeses, à palavra Dieu do atual francês, ao Dio do italiano, ao Dios do castelhano, a Dio do Esperanto, criação do médico polonês Zamenhof

Para Entender... Espiritismo 125

(1859-1917). Às vezes surgem as trindades divinas como Brama, Maia e Vichnu dos indus, como Sin, Shamash e Ishtar dos assírios e babilônios, como Júpiter, Juno e Minerva dos romanos; como, enfim, ainda encontramos na Igreja Católica Romana o Pai, o Filho e o Espírito Santo.

O homem sempre teve a necessidade de adorar alguma coisa. Ter algum deus. Até mesmo aqueles que se dizem espíritos fortes, que não aceitam deus algum, acabam rendendo culto a outros deuses, como por exemplo o dinheiro, o estômago, o poder, o sexo... É como a Filosofia: pode-se pretender acabar com ela, mas para isto será preciso filosofar!

Claro que atualmente não haveremos de buscar nas religiões primitivas *a menos censurável*. Ou por outras palavras, *a mais adequada*. Como também não iremos buscá-la na mitologia greco-

126 Para Entender... Espiritismo

romana com a presença de deuses com as mesmas paixões e as mesmas virtudes humanas. Basta que se diga que Júpiter, o já citado deus dos romanos, teria sete esposas, além de Juno, das quais a última era sua própria irmã, além do amor clandestino com mulheres mortais! É evidente que ninguém hoje em dia pode mais aceitar estas absurdidades. Nem sob a ameaça de enfrentar um tribunal da Santa Inquisição no *credo quia absurdum*! Assim, na atualidade, qual seria então a religião mais adequada ao nosso estágio cultural humano?

Respondeu assim o gênio de Voltaire:

— Não seria a que fosse mais simples, aquela que ensinasse moralidade e poucos dogmas? A que tendesse a fazer justos os homens, sem torná-los absurdos? Aquela que não ordenasse a crença em coisas impossíveis e contraditórias, injurio-

Para Entender... Espiritismo

sas mesmo à Divindade e perniciosas à Humanidade, nem ousasse ameaçar com sofrimentos eternos quem possuísse bom senso? Não seria aquela que ensinasse apenas a adoração de um Deus, a Justiça, a Tolerância e a Humildade?

Dispensa comentário de minha parte esta resposta do filósofo francês, acoimado de materialista mas que não era ateu pois que é dele a frase famosa: Se Deus não existisse, seria preciso inventá-lo!

O mundo atual enfrenta dificuldades enormes, daí o porquê de os jovens estarem às tontas com o sexo abastardado, com a violência após os bailes "funk", com as drogas estupefacientes, tudo isto por falta de uma segura orientação moral. Não é por falta de religiões, porque elas existem em grande quantidade no Brasil e pelo mundo.

128 Para Entender... Espiritismo

O que nos falta é a vontade firme de viver a moral do Cristo, que se baseia no amor ao próximo, no respeito ao direito do outro, na tolerância para com as faltas alheias e no fraterno desmascaramento dos hipócritas, que só querem levar vantagem, ainda que seja em cima da dor, do suor e das lágrimas do outro.

Todas as religiões são boas e correspondem, como escrevi no começo deste livrinho, ao grau evolutivo de seus adeptos. Assim como não posso exigir de uma criança do Jardim de Infância compreensão de um problema de Matemática Infinitesimal, não se pode exigir de pessoas ainda infantis, do ponto de vista religioso, o discernimento de uma pessoa já adulta, mais amadurecida pela reflexão, pela meditação e mesmo pela experiência que a vida confere a todos. Afinal, as existências sucessivas são para amadurecer todas as almas em todos os setores do conhecimento e da moralidade.

Uma coisa, porém, é certa: as religiões tradicionais, se quiserem acompanhar a marcha evolutiva da Humanidade, nesta passagem para o III Milênio, devem sofrer total reformulação em seus fundamentos, sob pena de caírem no descrédito, quando a reencarnação e a mediunidade vão se impondo através de pesquisas de cientistas que nada têm com os ensinamentos do Espiritismo. A prova disto está em que recentemente fez grande barulho a tese da morte de Deus. É que as pessoas não mais estavam aceitando a crença passiva num deus antropomórfico; estavam a exigir um Deus mais justo, mais racional, mais divino, se é que eu possa assim dizer. Foi o grito de muitos que já querem para religião um corpo de doutrina mais compatível com a atualidade do computa-

130 Para Entender... Espiritismo

dor, da tevê em cores, das viagens interplanetárias, e não as pregações medievais sobre Adão e Eva, a salvação pelo sangue de Jesus, o batismo dado pelo sacerdote pela água e sal, muito embora estas pregações possam ainda satisfazer a mentalidade de outras tantas criaturas, mesmo portadoras de diplomas universitários.

O Espiritismo nada tem que temer. Nada tem que recear. Sua filosofia é altamente espiritualizante e consoladora para sofrer abalos por esta onda de contestação da atualidade planetária. Seus princípios são rigorosamente de caráter científico, podendo então enfrentar o mais exigente exame, a mais rigorosa crítica, desde que honesta e imparcial. Sim, é preciso honestidade, é necessário imparcialidade, porque há quem vem com idéias preconcebidas, com descrença apriorística, com aversão à realidade dos fatos,

Para Entender... Espiritismo

porque os fundamentos do Espiritismo geralmente ferem seus interesses pessoais de mando e mesmo financeiros.

Nem por isso nós, espíritas, cruzaremos nossos braços na inatividade. Não. Estamos envidando esforços no sentido de demonstrar a tantos quantos interessar possa a vitalidade da Doutrina dos Espíritos, a finalidade providencial da mediunidade, o objetivo real de nossa existência corpórea à face da Terra, a excelência do Bem, a magnitude ímpar da vida messiânica de Jesus Cristo, bem como a inutilidade do orgulho, o prejuízo da vaidade, o malefício do egoísmo, a desvantagem da perda de tempo em questões meramente materiais que não trazem nada de bom para ninguém.

O Espiritismo não é religião no sentido tradicional das religiões, pois que não tem dogmas, não tem sacerdócio organizado nem rituais. Espiritismo é luz nas mentes e paz nos corações. Com efeito, de que vale ao homem pisar na Lua e mandar naves para investigar astros além de Marte e de Júpiter, se ainda espezinha as mais verdes esperanças das populações carentes do chamado Terceiro Mundo? De que lhe vale efetuar com êxito os transplantes de fígado, de rins, de medula óssea e de coração, se ainda não deslocou de seu eu a erva daninha das paixões, plantando em seu lugar as flores redolentes dos sentimentos mais nobres? De que vale ao homem ter rompido o núcleo do átomo se ainda não aprendeu a respeitar o direito do seu semelhante?

Espiritismo é isto: reforma moral da criatura para o seu próprio bem. Como praticá-lo? Lutar pela implantação de um mundo melhor. Assim, por mais que a Humanidade progrida na tecnologia e na ciência, nas artes e na indústria, impõe-se a urgente necessidade de todos pormos em prática aquele mandamento de Jesus, consoante o Evangelho segundo João, capítulo 13 versículos 34 e 35: "Que vos ameis uns aos outros como eu vos amei. Nisto é que todos conhecerão os meus discípulos, se tiverdes amor uns para com os outros".

MEDIUNIDADE

Neste livro, Celso Martins, jornalista e escritor espírita, seleciona uma série de textos de "O Livro dos Médiuns", que tratam de temas como: O espírito comunicante; O médium e o mecanismo mediúnico; O meio ambiente em que ocorre o fenômeno.

MORTE

"Ajuizar detidamente as questões referentes a testamentos, resoluções e votos, antes da desencarnação, para não experimentar choques prováveis, ante inesperadas incompreensões de parentes e companheiros.
O corpo que morre não se refaz".

André Luiz *(Chico Xavier)*

O livro tem o objetivo de introduzir o leitor às questões mais importantes a respeito da morte, encaminhando-o ao estudo de Kardec.

TENSÃO EMOCIONAL

Tratada antigamente como depressão, modernamente é tida como estresse ou tensão emocional. Beethoven foi considerado, no passado, depressivo.

Neste livro o autor indica também um tratamento da tensão emocional, mostrando o que a gera e como evitá-la.